Die ZSCHOPAU

Vom Fichtelberg bis zur Mündung

Impressionen von einer der schönsten Flusslandschaften Mitteleuropas

in Bilder und Worte gefasst von Dr. Gert Scheffler

Bildverlag Thomas Böttger

Titelbilder

Umschlagbild vorn:
Limmritzer Eisenbahnviadukt, erbaut 1846-1852

Umschlagbild hinten:
Burg Kriebstein von oberhalb Kriebethal

Autor

Dr. Gert Scheffler

Dem Bildverlag Böttger danke ich für die bereitgestellten historischen Ansichts-Postkarten

Das Foto von der Jahrhundertflut in Waldheim steuerte bei Angermann Luftbildservice GmbH, Telefon 03518496863

Bildverlag Thomas Böttger
W. I. T. der Gewerbepark
Witzschdorfer Hauptstraße 94
09437 Witzschdorf
Telefon: 0 37 25 / 2 01 40
Fax: 0 37 25 / 2 02 40
www.boettger-bildverlag.de

1. Auflage 2004

ISBN 3-937496-07-6

Vorwort

Der Name Zschopau könnte aus dem Slawischen kommen. Dort bedeutet 'sapava' so viel wie reißend, sprühend, tosend. Ähnlich wandelte man auch den Namen des böhmischen Flusses Moldava im deutschen zu Moldau ab. Die vermutlich ersten sicher noch recht spärlichen Siedler an der Zschopau waren Slawen. Im 12. und 13. Jahrhundert wurden sie durch deutschstämmige Einwanderer abgelöst. Der "Erschließungsfeldzug" orientierte sich naturgemäß am Flusslauf, da der Fischfang eine einträgliche Lebensgrundlage bildete. Dazu kam die siedlungsfreundliche Landschaft an allen Verbreiterungen des Flusstals. Außerdem besaßen die Auen fruchtbare Böden und außerhalb des Tals behinderte der nahezu undurchdringliche Miriquidiwald die Bewegungsfreiheit.

Die steilen Felsklippen eigneten sich gut für die Anlage befestigter Plätze, aus denen später Burgen und Ortschaften hervorgingen. Ein weiterer integrierender Faktor war die Flößerei. Der Wald an den Hängen lieferte große Mengen an Holz. Die Zschopau bot sich in besonderem Maße für den Transport dieses Holzes an, da sie ein relativ gleichmäßiges Gefälle besitzt. Schließlich begünstigte die Wasserkraft, als eine für frühere Zeiten konkurrenzlose Energiequelle, die Ansiedlung von Menschen.

Mit der steigenden Nutzung der Energie des Flusses wurde der durchgängige Wasserweg für die Holzflößerei an immer mehr Stellen unterbrochen. Parallel dazu erfolgte eine durch den Bergbau geförderte flächenhafte Erschließung des Erzgebirges, bei welcher viel Holz vor Ort verbraucht wurde. Was blieb, waren die durch die Wasserkraft begründeten wirtschaftlichen Gemeinsamkeiten, wie Getreidemühlen, Sägemühlen, Spinnmühlen und Textilbetriebe. Dazu kamen entlang des gesamten Flusslaufs Steinbrüche, da das Gestein an vielen Stellen direkt an die Oberfläche trat. Im 19. Jahrhundert förderte der Bau von Eisenbahnlinien die Industrieansiedlungen zu beiden Seiten des Flusses.

Nach der Wende konnten viele der traditionellen Unternehmen der internationalen Konkurrenz nicht standhalten und sich kurzfristig keine eigenen Märkte und Kooperationspartner erschließen. Typisch für diese Entwicklung war der Versuch der Foron GmbH sich mit der Weltneuheit des ersten FCKW-freien Kühlschranks eigenständig auf dem Weltmarkt zu etablieren. Im Ergebnis dieser Entwicklung sehen wir heute entlang des Flusslaufs viele mehr oder weniger stillgelegte Produktionsstätten, in denen früher viele Menschen Arbeit fanden.

Heute steht das Flusstal in weiten Bereichen unter Landschaftsschutz. Dieser muss mit den wirtschaftlichen Erfordernissen in Einklang gebracht werden. Hohe Bedeutung kommt der vielschichtigen touristischen Attraktivität des Flusses zu, da viele andere Erwerbszweige weggefallen sind. Die Zschopau braucht ihre Touristen und die Menschen aus nah und fern brauchen die Zschopau, sei es am Fichtelberg als Skiurlauber, als Besucher der zahlreichen Museen in Schlössern und Burgen, als Angler oder als Wassersportler, Wanderer oder Mountain-Biker.

Will man die Anfänge der Zschopau entdecken, dann beginnt man zweckmäßigerweise im Kurort Oberwiesenthal

Die erste Seilschwebebahn Deutschlands bringt seit 1924 Besucher auf bequeme Weise zum Gipfel des Fichtelberges.

Die 1916 auf dem Gipfel eingeweihte Wetterwarte steht heute unter Denkmalschutz.

Am Fichtelberghaus beginnt das Wassereinzugsgebiet der Zschopau.

Das Relief des Erzgebirges im Fichtelberghaus mit der Darstellung der Zschopau und ihrer Nachbarflüsse.

Die Zschopau beginnt ihren Lauf am Nordhang des Fichtelberges in einem moorigen Gelände auf etwa 1070 Meter Höhe. Um genügend Wasser für die Flößerei bereit zu stellen, wurden vor Jahrhunderten künstliche Gräben in den Hang gezogen, welche das Wasser einsammelten.

Dadurch ist eine richtige Quelle für den Fluss nicht mehr lokalisierbar. Neben der Zschopau beginnen am Fichtelberg fünf weitere Wasserläufe: Der Pöhlbach, die Sehma, die Große Mittweida, das Pöhlwasser und das Schwarzwasser. Das Wasser dieser sechs Geschwister trifft sich endgültig wieder bei Sermuth in der vereinigten Mulde.

Kilometer 2 - die Schutzhütte am Schwarzen Teich lädt zur Rast ein.

Der Schwarze Teich wurde vermutlich aus Gründen der Holzflößerei angelegt, da die Zschopau hier noch nicht über genügend Wasser verfügt. Dieses gab man dann aus dem Teich zum Flößen schubweise frei.

Das obige Bild zeigt den ehemaligen Zustand des Schwarzen Teichs. Bei der Flut im August 2002 verursachte der hier etwa einen halben Meter breite Bach einen Dammbruch, dessen Behebung, ausschließlich der Folgeschäden, 114.000 Euro kostete.

Im Schatten des Hochwaldes bietet der noch junge Bach auf den nächsten Kilometern keine Attraktionen.

Wo die Zschopau die Waldregion des Fichtelberges verlässt, liegt der Ort Crottendorf.

Im Oberlauf fließt die Zschopau als Dorfbach durch eine Vielzahl von Brücken.

Die geologisch interessante Basaltorgel am Scheibenberg ist ein beliebtes Fotomotiv.

Zeugnisse der Geschichte in Schlettau: Postdistanzsäule und Schloss. Dieses diente unter anderem über hundert Jahre lang als Produktionsstätte. Kurioserweise folgte darauf nochmals eine Metamorphose in Richtung Mittelalter.

Burgen und Schlösser

Die Burgen im Zschopautal bildeten von alters her die Kristallisationspunkte der kulturellen Entwicklung und säumen den Fluss mit der Regelmäßigkeit einer Perlenkette. Ihre historische Laufbahn beginnen sie meist als Wegesicherungen. Aus diesen haben sich erst dann Herrensitze entwickelt, als es wirklich Kulturland zu verwalten gab. Das geschah bereits im 13. Jahrhundert. Denn in dieser Zeit fanden die unmittelbar am Fluss liegenden Städte Wolkenstein, Zschopau, Frankenberg, Mittweida und Waldheim erste schriftliche Erwähnung.

Besonders deutlich wird die ursprüngliche Bedeutung der befestigten Plätze am Paßklausenturm in Tannenberg. Dieser ehrwürdige und gut erhaltene Wehrbau präsentiert sich wie eine Momentaufnahme aus dem 12. Jahrhundert und lässt noch heute seinen Bestimmungszweck, nicht nur im Namen, einwandfrei erkennen. Ähnlich deutlich wird dies bei Schloss Wildeck in Zschopau. Die Lage des Schlosses und insbesondere der zuerst freistehende Wehrturm, der “Dicke Heinrich” lassen erkennen, dass es hier zunächst um den Schutz einer Zschopau-Furt ging. Eine Urkunde aus dem Jahre 1162 dokumentiert, dass Kaiser Friedrich I. Rotbart den gesamten, noch völlig unerschlossenen Grenzwald südlich von Freiberg in Besitz nahm und zugleich die Erschließung und Sicherung der Grenzwege nach Böhmen anordnete.

Eine interessante Rolle in der sächsischen Geschichte spielt das Schloss Wolkenstein. Es kam im 15. Jahrhundert in den Besitz der Wettiner. Durch den Tod des Kurfürsten Moritz im Jahre 1553 rückte der in Wolkenstein residierende Herzog August zum sächsischen Kurfürsten auf und siedelte nach Dresden um. Obwohl seit diesem Zeitpunkt das Schloss Wolkenstein zunehmend verfiel, muss die Bindung des neuen Kurfürsten August I. an die heimatlichen Gefilde so groß gewesen sein, dass er 1563 den Bau der Augustusburg beschloss.

Schloss Lichtenwalde ist aus einer ehemaligen Ritterburg hervorgegangen. 1722 wurden nach Besitzerwechsel die vorhandenen baufälligen Gebäude abgerissen und durch ein 3-flügeliges Barockschloss ersetzt, welches später noch um einen Schlosspark im Stile der Zeit ergänzt wurde. Der Park mit seinen Wasserspielen stellt ein Kleinod der Gartenbaukunst dar. Durch einen Brand im Jahre 1905 wurde ein großer Teil der Gebäudesubstanz und des Inventars vernichtet. Aber der sofort begonnene Wiederaufbau ließ das Schloss etwa in der alten Form wiedererstehen. Schloss Lichtenwalde ist heute mit seiner Ausstrahlung ein besonders beliebtes touristisches Ziel.

Eine versteckte Kostbarkeit ist das Schloss Neusorge in Zschöppichen. Obwohl nur wenige hundert Meter abseits vom Zschopaufluss gelegen, verirrt sich doch selten ein Besucher hierher. Der 1745 begonnene Nachfolgebau eines abgebrannten Renaissanceschlosses wäre wohl der schönste Schlossbau des Zschopautals geworden. Aber durch die Wirren der Zeit wurde zumindest die Innenausstattung nie fertig. Südlich vom Schloss lag ein in Terrassen angeordneter Barockgarten mit Wandbrunnen und Sandsteinstatuen. An den Garten schloss sich ein heute weitestgehend zerstörter englischer Park an. Nach einer Periode der Nutzung als Erziehungs- und Kinderheim im 20. Jahrhundert fiel das Gebäude wieder in seinen am Ende vielleicht tödlichen Dornröschenschlaf.

Das Schlettauer Schloss überrascht durch eine liebevoll gestaltete Inneneinrichtung.

Einige Kilometer verläuft der Fluss in einer nutzungsfreundlichen Talaue.

Die Max Bögl Hartsteinwerke in Dörfel stehen für viele, häufig auch historische Steinbrüche.

Der Paßklausenturm in Tannenberg ist ein ehrwürdiges Stück. Er stammt aus dem 12. Jahrhundert.

Die Tannenberger Textilveredlung repräsentiert die aktuelle industrielle Entwicklung.

Das ehemalige Heizhaus ist heute ein sehenswertes technisches Denkmal.

Industrie einst und heute

Zur Leipziger Frühjahrsmesse 1930 präsentierte man den ersten europäischen Kühlschrank. Er wurde an der Zschopau im DKK Scharfenstein hergestellt. Die Tradition des Kühlgerätebaues wurde auch nach dem 2. Weltkrieg wieder aufgenommen. Im VEB DKK Scharfenstein richtete man eigens ein Isotopenlabor ein, um den Verschleiß der Kältekompressoren zu minimieren. Damit wurde in den 1960er Jahren eine 5-jährige Garantie auf die Kühlschränke möglich. Im Jahre 1989 verließen eine Million Kühl- und Gefriergeräte das Werk. Nach der Wende wartete das inzwischen unter dem Namen FORON laufende Unternehmen mit dem ersten FCKW-freien Kühlschrank auf. Im Jahre 2003 wurden 100 Millionen Stück in der umweltschonenden Technologie gebaut. Die Produktion ist inzwischen auch nach Südamerika vorgedrungen. Jedoch am Ursprungsort ist nichts davon verblieben.

Auch die Motorrad-Industrie hat den Namen Zschopau in die Welt getragen. Der Begründer dieses Industriezweigs, der Däne Jörg Rasmussen, hat sein technisches Rüstzeug als Absolvent des Mittweidaer Technikums erhalten, bevor er in Zschopau selbst eine Maschinenfabrik gründete, die ab 1907 Dampfkesselarmaturen herstellte. 10 Jahre später begann seine Firma einen Dampfkraftwagen (DKW) zu bauen. Mit der Entwicklung eines mobilen 2-Takt-Motors wurde der Grundstein für die Produktion von Motorrädern gelegt, welche man 1922 aufnahm. 1940 begann die Fertigung der RT 125, diese wurde nach dem Krieg wieder aufgenommen. 1956 führte der inzwischen zum Motorradwerk Zschopau umbenannte Betrieb den Markennamen MZ ein. 1965 produzierte das Motorradwerk 180.000 Motorräder der Typen ES 125, 175 und 250. Nach der Wende wurde mit 80 Beschäftigten die Motorrad- und Zweiradwerk GmbH "MUZ" gegründet. Die Verwaltung und bald auch die Produktion wechseln vollständig nach Hohndorf und 1994 endet nach 72 Jahren die Motorradproduktion am Ufer des Flusses.

Die Stadt Frankenberg dankt ihren Aufschwung dem Silberbergbau im Zschopautal. Aber schon bald wurde daraus eine richtige Industriestadt. Dazu trugen Webereien, die Textilindustrie, der Textilmaschinenbau, die Fahrzeugindustrie und die Zigarrenproduktion bei, die seit 1842 auch vielen Heimarbeiterinnen Arbeit verschaffte. Nach der Wende ging die Produktion wie an anderen Orten der Zschopau deutlich zurück. Heute sollen die größten Arbeitgeber der Stadt die Bundeswehrkaserne, das Krankenhaus und die städtische Verwaltung sein.

1854 errichtete Johann Gotthelf Christian Weiß aus Mittweida unweit von Ringethal eine Spinnmühle. Einfache Wohnhäuser für die Arbeiter entstanden in unmittelbarer Nähe. Die jüngste Ansiedlung im Zschopautal wurde nach dem Gründer Weißthal benannt. Seinerzeit gab es an dieser Stelle noch keine Brücke. Der Ringethaler Rittergutsbesitzer v. Schroeter finanzierte 1862 den Bau einer Steinbrücke, um den Bewohnern der "Wasserdörfer" den Zugang nach Mittweida und damit auch zur Spinnerei zu ermöglichen. 1926 verfügte diese bereits über 43.000 Spindeln. Ab den 1970er Jahren waren hier zahlreiche ausländische Arbeitskräfte beschäftigt. 1990 lief die Produktion aus.

Zwischen Tannenberg und Wiesa vollzieht sich langsam die Wandlung vom Bach zum Fluss.

Die St. Trinitatis-Kirche in Wiesa ist die einzige im Jugendstil erbaute Kirche Sachsens.

Das Thermalbad Wiesenbad hat sich der Rehabilitation verschrieben und ist bei Kurgästen beliebt.

Die Burg Wolkenstein hat ihre äußere Gestalt aus dem 16. Jahrhundert weitgehend bewahrt.

Zu festlichen Anlässen, wie dem Tag des offenen Denkmals, musizieren Spielleute.

Das Regiment 'Prinz Maximilian' hat eine bewegte Geschichte und ist hier immer noch präsent.

Durch die Wolfsschlucht führt ein Wanderweg hinauf zur Burg und zum Ort.

Die Steinbrücke überspannt neben der Zschopau den Mühlgraben, eine Straße und die Bahnlinie.

Die Wolkensteiner Schweiz bildet den Kulminationspunkt eines felsreichen Flussabschnitts.

Warmbad wurde nach der Wende als Kurort "aufgefrischt".

Die Silbertherme überzeugt auch als Erlebnisbad.

Vom Steilhang über der Zschopau bietet sich ein malerischer Blick auf die Burg Scharfenstein.

Durch ein Renaissanceportal gelangt man zu Ausstellungen, die der heimatlichen Tradition gewidmet sind.

Der Wildschütz Karl Stülpner

Scharfenstein im Zschopautal ist eng mit dem Leben des sächsischen Wildschützen Karl Stülpner verbunden. Hier wurde er 1762 als achtes Kind seiner Eltern in eine schwere Zeit hinein geboren. Es war die Zeit des siebenjährigen Krieges. Während der preußischen Besatzung wurde das Land ausgeplündert. Später war das Gebirge von mehreren Missernten betroffen und bereits frühzeitig starb der Vater. Die Mutter konnte der wachsenden Schulden nicht mehr Herr werden und musste verarmt das Haus am Zschopauufer abtreten.

1778 stand ein neuer Krieg vor der Tür, in welchem Stülpner bereits als Soldat diente. Danach kehrte er nach Scharfenstein zurück. Nach wenigen Monaten wurde er aber wieder zwangsweise rekrutiert. Während des Militärdienstes und auch während seiner Heimatbesuche brach sein Hang zum Wildern immer stärker durch und dies brachte ihm einesteils Sympathien aber schließlich auch eine Haftstrafe ein, aus der er desertierte. Der Militärdienst hatte Stülpner ein Auskommen gewährt. Nun wurde das Wildern seine Lebensgrundlage. Aber gleichzeitig festigte sich sein Ruf als Mensch, der gegenüber der Obrigkeit die Partei des einfachen Volkes ergriff. 1795 wurde ein Haftbefehl gegen Stülpner erlassen. Daraufhin belagerte er angeblich ganz allein die Burg Scharfenstein. Ließ niemand hinein und niemand heraus.

Es kamen eine Menge weiterer Geschichten in Umlauf, die er alle selbst erlebt haben wollte und die er mit seinem Erzähltalent offenbar gut an den Mann bringen konnte. Sein unstetes Leben und seine Zeiten beim Militär führten ihn nach Böhmen, Ungarn, Österreich und der Schweiz. Nach einer Verwundung bei Kaiserslautern schlug er sich quer durch die Pfalz, Hessen, Thüringen bis nach Hause durch. Eine derart weitgereiste Persönlichkeit war für die einfachen Menschen aus seiner Heimat mit einer besonderen Aura umgeben.

Um 1795 lernte er seine spätere Ehefrau Johanne Christiane Wolf kennen. Ihr Vater war ausgerechnet der Scharfensteiner Ortsrichter und als solcher natürlich streng gegen diese Beziehung. Wahrscheinlich heiratete er Christiane in Böhmen, wohin er sich gewandt hatte, um sich vor Verfolgung zu schützen. 1800 gab er seine langjährige Wilderertätigkeit auf und entschloss sich ein weiteres Mal für den Militärdienst. 1813 kehrte er nach Scharfenstein zurück und lebte von da an in recht ärmlichen Verhältnissen.

Bereits zu Lebzeiten erschien eine erste Biografie von Stülpner. Mit 74 Jahren wurde er nochmals Vater. Die Beziehung zu einem 24-jährigen Mädchen mag auch auf dem Boden seiner Popularität gewachsen sein. Von 1839 an wurde er hinfällig. Der Scharfensteiner Gemeinderat entschloss sich, ihn zur weiteren Versorgung von einer Familie zur anderen zu geben. Zwei Jahre später starb er nur einen Steinwurf von seiner Geburtsstätte entfernt. Seine letzte Ruhestätte befindet sich auf dem Friedhof von Großolbersdorf. Stülpners Geburtshaus am Zschopauufer wurde inzwischen abgetragen. An seiner Stelle befindet sich heute ein Gedenkstein.

Die Pyramide im Zentrum des Orts zeugt von der erzgebirgischen Volkskunst.

Herbstliche Laubfärbung und 3-Brücken-Blick bei Wilischthal vom Affenstein aus gesehen.

Das Wehr der Bodemerschen Spinnerei - Symbol einstiger industrieller Blüte.

Am Stadtrand von Zschopau quert die vierspurige B174 auf einer Betonbrücke den Fluss.

Im Stadtbild von Zschopau dominiert das Schloss Wildeck.

Die gelbe Cammer wurde im Stil des 16. Jahrhunderts restauriert.

Die blau-weiße Stube hat ihren Namen von der dekorativen Deckenbemalung und dient als Hochzeitszimmer.

Schloss Wildeck bietet auch die richtige Kulisse für mittelalterliches Treiben.

Die Steinbrücke war rohbaufertig, als darüber die österreichische Armee der Völkerschlacht entgegen zog.

Von der Felsbastion der Teufelsnase kann man in der Ferne nochmals Zschopau sehen.

Über diese Brücke fließt das Trinkwasser aus den Neunzehnhainer Talsperren nach Chemnitz.

Die 1563 erstmals erwähnte Rollemühle in Zschopenthal (Waldkirchen) bewahrt noch alte Mühlentradition.

. . . und ist noch heute im ursprünglichen Sinne tätig.

Solche überdachte Holzbrücken gab es an der Zschopau einige, die in Hennersdorf blieb als Einzige erhalten.

Über sieben Brücken ...

Die Zschopau überrascht durch eine besondere Vielfalt an Brückenbauwerken. Bevor die Straße vom Ort Wolkenstein im Tal auf die B101 trifft, führt sie über eine ungewöhnliche historische Steinbrücke. Diese besitzt neben dem Durchlass für den Fluss weitere für eine Fahrstraße, einen Mühlgraben und schließlich die Eisenbahn.

Eine weitere historische Steinbrücke befindet sich im Ort Zschopau. Sie war 1813 rohbaufertig, als die österreichische Armee unter Fürst Schwarzenberg anrückte. 14.000 Fahrzeuge passierten in 4 Tagen die Brücke. Aber ihre Kapazität reichte für das 100.000 Mann starke Heer bei Weitem nicht aus. Die Reiterei benutzte die noch vorhandene alte überdachte Holzbrücke und für das Fußvolk wurden zwei weitere provisorische Brücken errichtet. Ein im Zschopauer Museum vorhandenes Diorama zeigt dieses historische Ereignis.

Überdachte Holzbrücken wie die erwähnte waren praktisch und gebräuchlich. Die letzte dieser Bauart kann man heute noch in Hennersdorf besichtigen. Eine wesentlich größere existierte früher in Mittweida an der Stelle der heutigen Steinbrücke. Aber auch Hängebrücken leisteten eine wichtige Hilfe. Leider hat ihnen das Hochwasser 2002 besonders mitgespielt. Inzwischen sind die populären Hängebrücken in Sachsenburg, Kockisch, Limmritz und Töpeln wieder rekonstruiert. Eine moderne und besonders stabile Hängebrücke findet sich außerdem am Fuße der Burg Wolkenstein.

Eine weitere Besonderheit ist die Wasserbrücke zwischen Zschopau und Waldkirchen. Über diese führt die 1907 geschaffene Wasserleitung von den Neunzehnhainer Talsperren nach Chemnitz. Diese Wasserleitung folgt im wesentlichen dem natürlichen Gefälle. Da die Zschopau deutlich tiefer liegt als das Tunnelniveau, wurde bei der Wasserbrücke das Prinzip des U-Rohrs genutzt, wo das Wasser auf der einen Seite hineinfließt und auf der anderen Seite von selbst wieder auf die gleiche Höhe gedrückt wird.

Aus jüngster Zeit stammen die Brücke der vierspurigen B174 bei Zschopau und die der 6-spurigen A4 bei Frankenberg. Beide Betonbrücken sind sicher sachdienlich konstruiert, machen aber das Zschopautal nicht attraktiver. Natürlich trifft man entlang des Flusses auch auf interessante Eisenbahnbrücken. Einen Blickfang bildet die blau leuchtende Stahlbrücke der Sachsenmagistrale über die Zschopau im Ort Flöha. Aber die Krönung bilden die drei Viadukte der Bahnlinie Chemnitz-Riesa-Berlin in der Nähe von Waldheim. Die mächtigen Bögen des Heiligenborner und Diedenhainer Viadukts überbrücken zwar nur Seitentäler der Zschopau, dafür überspannt der Limmritzer Eisenbahnviadukt kurz vor Döbeln den Fluss selbst mit einer imposanten und malerischen Architektur.

Zum Thema im weitesten Sinne gehören auch solche Kuriositäten, wie die populäre Fähre Anna bei Krumbach, die vom Hochwasser 2002 zerstört wurde und im Jahre 2004 wieder ihren Betrieb aufnahm oder die einzige echte Straßenfurt der Zschopau bei Limmritz, welche überraschenderweise das Hochwasser 2002 unbeschadet überstanden hat.

Am Kunnerstein befindet sich 100 Meter über der Zschopau ein gern besuchter Aussichtspunkt mit Schutzhütte.

Von der einst bewirtschafteten Baude ist nur noch ein Felsenkeller sichtbar.

Der Bau der Drahtseilbahn von Erdmannsdorf nach Augustusburg war seinerzeit kein einfaches Bauvorhaben. Umfangreiche Kunstbauten waren erforderlich, um das komplizierte Gelände zu erschließen.

Es handelt sich um eine eingleisige Standseilbahn mit einer technisch interessanten Weiche in der Streckenmitte. 1955 erreichte die Beförderung mit fast einer Million Fahrgästen den Höhepunkt. Wie alte Bilder zeigen, war der Hang im Umfeld der Bahn früher weitgehend kahl.

Die Augustusburg hat nicht August der Starke, sondern sein Ur-Ur-Ur-Großvater erbauen lassen.

Das Motorradmuseum im Schloss Augustusburg repräsentiert den mit der Region verknüpften Markenname MZ.

Vom Turmzimmer der Augustusburg schaut man an der Kirche St. Petri vorbei weit nach Norden.

Das Erdmannsdorfer Bad wird Richtung Osten unmittelbar von der Zschopau begrenzt.

Blick von Südosten auf die Stadt Flöha.

Der markante Gebäudekomplex der ehemaligen Baumwollspinnerei harrt der Dinge, die da kommen sollen.

Hier überquert die Sachsenmagistrale Chemnitz - Dresden den Fluss.

Einen Steinwurf weiter mündet der größte Nebenfluss der Zschopau: die Flöha.

Als Folge der früheren industriellen Blüte findet man immer wieder attraktive Wohnbauten.

Der Mühlentag ist eine gute Gelegenheit, sich in der größten aktiven Getreidemühle umzuschauen.

Hier wird mit moderner Technik und Computersteuerung ein breites Spektrum an Mehlsorten produziert.

Es klappert die Mühle . . .

Die Erschließung der Flussregion war von Anfang an mit dem Bau von Getreidemühlen verbunden, welche mit unterschlächtigen Wasserrädern betrieben wurden, da das Gefälle nur für solche ausreichte. Zwischen Schlettau und Tannenberg wird heute nahezu jeder Meter Flusslauf von einem alten Mühlgraben begleitet. Für die Nutzung des Gewässers hat der Bergbau eine fördernde Rolle gespielt. Zwischen dem 15. und dem 19. Jahrhundert boomte hier der Abbau von Zinn, Silber, Blei und Kobalt. Die Bergarbeiter gaben mit ihrem Bedarf an Nahrung und Kleidung den Getreide- und Spinnmühlen Arbeit. Die Bergwerke und der Bau von Wohnstätten verschafften den Sägemühlen Aufträge.

Unweit von Wiesenbad liegt die Himmelmühle. Bereits im 16. Jahrhundert wurde hier Korn gemahlen. Im 19. Jahrhundert wandelte sich die Getreidemühle zur Spinnmühle. 1922 erfolgte der Umbau zur Schokoladenfabrik. Später diente die Gebäudesubstanz als Lagerhaus und ab 1963 als Frauengefängnis. Heute bemüht man sich um die Restaurierung der historischen Gebäude, welche die Eigendynamik der Mühlenentwicklung im Zschopautal gut verdeutlichen.

Wenig nördlich von Lauenhain lag am Zschopau-Ufer die Lauenhainer Mühle. Sie konnte auf ein ehrwürdiges Alter zurückblicken, denn sie wurde schon 1293 erwähnt. Zur Getreidemühle kam eine Pappenfabrik und 1904 ein gern besuchtes Ausflugsrestaurant mit Gartenlokal. Mit dem Bau der Talsperre Kriebstein 1927 war das Schicksal der Mühle besiegelt. Sie wurde bis auf die Grundmauern abgetragen. Heute erinnern nur noch eine Tafel am Ufer der Talsperre und eine Vielzahl historischer Ansichtskarten an die einstige Mühle.

Wie an zwei Beispielen gezeigt, expandierten im Laufe der Jahrhunderte die meisten der Mühlen zu Industriebetrieben. In Kleinkraftwerken ersetzten mit Beginn des 20. Jahrhunderts Kaplanturbinen die klassischen Mühlräder, welche bei geringer Fallhöhe des Wassers einen ausgezeichneten Wirkungsgrad haben. Moderne Mühlen sind auch nicht mehr von den Zufällen der Wasserführung abhängig, sondern können sich auf eine unabhängige Energieversorgung aus dem Netz stützen. Das Wasser dient zwar häufig noch der Stromerzeugung, aber die Energie wird ins Netz eingespeist und dient vordergründig der Erhöhung der Wirtschaftlichkeit.

Zu den Getreidemühlen, die ihrem Bestimmungszweck bis zum heutigen Tage treu geblieben sind, gehören die Rollemühle und die Webermühle. Beide arbeiten mit hochmoderner Technik. Eine Besichtigung am Mühlentag, der jährlich am Pfingstmontag stattfindet, lohnt in jedem Fall. Kommen doch die vielfältigen Produkte der Getreidemühlen in einer inzwischen hoch kultivierten Form auf jeden Tisch. Die Steuerung erfolgt heute computergestützt und die Produktivität ist nicht mehr vergleichbar mit der mittelalterlicher Mühlen. Interessant ist, dass trotz der Stromversorgung aus dem Netz in der Mühle meist noch heute eine zentrale Transmissionswelle die Energie an die einzelnen Verbraucher heranführt. Das hat seinen Grund in den starken Schwankungen der von den einzelnen Geräten je nach dem Einsatzfall zu erbringenden Leistung. Einzelne Elektromotoren würden bei Leerlauf oder Unterforderung zu viel Energie verschwenden.

Hinter der malerischen Steinbrücke nahe Braunsdorf versteckt sich die hochwassersichere Eisenbahnbrücke.

Diesen romantischen Steinbogen entdeckt man beim Aufstieg von der Mühle zum Schloss Lichtenwalde.

Das Schloss Lichtenwalde wurde mit Mitteln des Sächsischen Freistaates aufwendig saniert.

Nicht nur das chinesische Zimmer büßte nach der Enteignung 1945 sein gesamtes Inventar ein.

Die Veranstaltung "Sommernachtsträume" bildet den Höhepunkt der Saison im Schlosspark.

Auch ein winterlicher Spaziergang in dem bis 1737 vom Grafen Watzdorf angelegten Park hat seinen Reiz.

Um den Harrasfelsen rankt sich die bekannte Sage von Harras dem kühnen Springer.

Bauzäune auf dem Markt der Stadt Frankenberg sind die Überbleibsel eines gründlichen Face-Liftings.

Aber auch hinter den Kulissen konnte historische Schönheit wieder neu erstehen.

Das 1533 im Renaissancestil errichtete Rittergut beherbergt heute das Heimatmuseum.

Blick über die Hängebrücke in Richtung Sachsenburg.

Neben einer vorhandenen Rohrbrücke wird eine Erdgasleitung durch den Fluss verlegt.

Das Angeln gehört an zahlreichen Stellen, wie hier bei Krumbach, zu den beliebten Freizeitaktivitäten.

Die neue Fähre "Anna" ist in Betrieb gegangen und kann den Osterbetrieb kaum bewältigen.

Das Grubenwehr lieferte die Energie zur Entwässerung der Silbergruben.

Im Bergwerk "Alte Hoffnung Erbstolln" in Schönborn erhält man interessante Einblicke in den Silberbergbau vergangener Jahrhunderte. Er setze bereits im 13. Jahrhundert ein und endete 1886 (wegen Unwirtschaftlichkeit) mit der Verfüllung des Förderschachts.

Die Erze wurden mit Hilfe einer Erzbahn direkt aus der Grube heraus in das unweit gelegene Dreiwerden befördert, wo sich die Anlage zur Erzwäsche befand. In den letzten Jahren ist die Erzbahn mit viel persönlichem Engagement als Touristenattraktion wieder zum Leben erweckt worden.

Die nach 119 Jahren wieder auferstandene Erzbahn bei ihrer Fahrt in den Frühling.

Die Tafel am Amselstein verrät einen anderen Zeitgeist, als der Müll den man hier und da auch im Zschopautal antrifft.

Das Stadtbild von Mittweida wird von der spätgotischen Kirche aus dem Jahre 1476 beherrscht.

Über die ehemalige Eisenbahnbrücke der Strecke Mittweida-Ringethal verläuft heute der Wanderweg.

Das interessante technische Denkmal Wasserkraftwerk Mittweida speist heute noch ins Netz ein.

Energie aus Wasserkraft

Zwischen Preßnitzmündung und Flöha kann man 25 Wehre von Wasserkraftanlagen zählen. Selbst im Oberlauf zwischen Schlettau und Tannenberg, wo der Fluss noch über wenig Kraft verfügt, reiht sich ein Stau an den anderen. Die Nutzung der Wasserenergie folgt einer Jahrhunderte alten Tradition, die einst dem Betrieb von Mühlen diente und beginnend mit dem 19. Jahrhundert die Basis für eine Vielzahl von Industriebetrieben bildete. Die einstige unmittelbare Kopplung von Energieerzeugung und -verbrauch wurde mit wachsender Produktion uneffektiv, weil der Bedarf nicht zeitlich stabil abgedeckt werden konnte. Heute sind nur noch wenige der einstigen Verbraucher vor Ort aktiv.

Angesichts des Atom-Ausstiegs und der Limitierung des Kohlendioxyd-Ausstoßes ist es ein ökologisches Erfordernis, sich stärker auf erneuerbare Energien zu konzentrieren. Dazu sind gesetzliche Grundlagen geschaffen worden, wonach der Strom aus Wasserkraft besonders vergütet wird. Obwohl die Zahl der Wasserkraftanlagen heute eher geringer ist als in der Vergangenheit, sind die aus dem Fluss entnommenen Wassermengen deutlich gestiegen. Die bestehenden Wasserrechte entstammen einer Zeit, als die Wasserentnahme unkritisch war und deshalb auch bei der Genehmigung keine Rolle spielte. So wendet sich beispielsweise der Naturschutzbund gegen die zunehmende Gewässerverbauung mit der Begründung, dass weite Bereiche des Flussbettes regelrecht austrocknen. Damit wird nicht nur der Fischbestand gefährdet, sondern vor allem den Aspekten des Landschaftsschutzes zuwider gehandelt, welcher ebenfalls gesetzlich verankert ist.

Das Vorzeigeobjekt und prägnanteste Beispiel eines Zschopaukraftwerkes ist das Wasserkraftwerk Mittweida. Sein Bau erfolgte von 1908 bis 1909 auf Initiative des damaligen Direktors des Mittweidaer Technikums. Allerdings wurde es entgegen dem ursprünglichen Konzept zunächst als Dampfkraftwerk in Betrieb genommen und es kam das Jahr 1923 heran, bis die Ausnutzung der Wasserkraft begann. Schließlich ergänzte man die Anlage noch um ein Pumpspeicherwerk. Nach Stilllegung der Dampfkraftanlage wurde zu DDR-Zeiten ein Dieselaggregat in Betrieb genommen. Heute beschränkt sich das Kraftwerk wieder auf die Nutzung der Wasserkraft und ist nach gründlicher Instandsetzung ein wertvolles Anschauungsobjekt der Geschichte der Energiewirtschaft.

Das Vordringen der Elektrizität in die Haushalte bildete den Hintergrund für den Bau der Talsperre Kriebstein. Bereits 1911 gab es erste Überlegungen für ein Großkraftwerk entlang der Zschopau. Aber der erste Weltkrieg und seine Folgen verzögerten den Startzeitpunkt bis zum Jahre 1927. Als Staubereich wählte man den Abschnitt zwischen dem Auenbad Mittweida bis nahe an die Burg Kriebstein, weil dort kaum Bauwerke betroffen waren. Lediglich die Gebäude der Lauenhainer Mühle mussten abgetragen werden. Nach der Fertigstellung entwickelte sich die Talsperre schnell zu einem beliebten Ausflugsziel und der Eingriff in die Natur wurde hier nie zum ernsthaften Streitpunkt. Die Talsperre bildet mit ihren 5MW das größte Laufwasserkraftwerk Sachsens.

Die Hängebrücke bei Kockisch wurde nach dem Hochwasser 2002 als erste wieder in Betrieb genommen.

Eine so vorbildlich gestaltete Fischtreppe wie hier in Ringethal fehlt noch an vielen Stellen.

Der private Erbauer der Brücke von Ringethal nach Weißthal bewies viel Sinn fürs Gemeinwohl.

Eine Bootsfahrt auf der Talsperre Kriebstein erschließt die ganze Romantik der Landschaft.

Das "Raubschloss" bei Ringethal wurde 1315 als Burg Lewenhain erbaut.

Über den Wappenfels bei Lauenhain führt heute der Zschopautal-Wanderweg.

Regatta auf der Talsperre bei Falkenhain.

Die Burg Kriebstein, hier vom Flussufer aus gesehen, gilt als schönste Ritterburg Sachsens.

Die aus dem Jahre 1410 stammende Ausmalung der Burgkapelle ist in Umfang und Erhaltung einzigartig.

Vom Wachberg-Aussichtsturm genießt man einen ausgezeichneten Blick auf das Zentrum Waldheims.

Das 1902 im Jugendstil erbaute Waldheimer Rathaus zählt zu den schönsten Rathäusern Sachsens. Die Fassade wurde mit Rochlitzer Porphyr kunstvoll gestaltet.

Das Treppenhaus schmücken bleiverglaste Fenster und der von außen durch eine künstlerisch gelungene Dreierkombination von großen Fenstern markierte Rathaussaal veranlasst jeden Besucher zum Staunen. Der 56 Meter hohe Turm bietet einen prächtigen Ausblick auf die Stadt.

Das Stadtzentrum von Waldheim war vom Hochwasser 2002 stark betroffen.

Die Jahrhundertflut

Das Hochwasser im August 2002 hat die Flussregion der Zschopau empfindlich getroffen. Die Gründe sind in der relativ dichten Besiedlung des Tals, der geringen Vorwarnzeit und der geringen Vorsorge zu suchen. So musste in vielen kleinen und größeren Orten zwangsweise erheblicher Schaden eintreten.

Es blieb den Meteorologen in diesen Tagen nicht verborgen, dass sich ein Tief mit dem Namen Ilse von Süden auf das Erzgebirge zubewegte und ausgiebigen Dauerregen erwarten ließ. Am Sonntag, dem 11. August mittags wird flächendeckender Regen mit über 100 Litern pro Quadratmeter angekündigt. Am Nachmittag dieses Tages spitzte sich die Situation in Tschechien zu und der Schwerpunkt des Niederschlagsgebiets schob sich über den Erzgebirgskamm.

Bereits in der Fichtelbergregion brach der vier Meter hohe Damm des am Zschopaulauf gelegenen Schwarzen Teiches. Dort besitzt der noch junge Bach normalerweise eine Breite von einem halben Meter. Die Flutwelle, welche über Crottendorf, dem ersten Ort an der Zschopau hereinbrach, verursachte bereits Schäden in Höhe von über 5 Millionen Euro.

Über 30 Stunden Dauerregen führten am Zusammenfluss von Zschopau und Flöha zu einer Katastrophe. Die komplette Innenstadt von Flöha wurde bis zu 2,70 m hoch überflutet. Die Evakuierung machte sich erforderlich. Dramatisch wurde die Situation, als eine Behelfsbrücke kippte und sich vor die Straßenbrücke der Zschopau legte. Damit war die Stadt praktisch zweigeteilt. PKWs versanken bis ans Dach, wurden mitgerissen und irgendwo zwischen Schlamm und Müll wieder abgelagert. Die Durchflussmenge wuchs in dieser Zeit etwa im Bereich Lichtenwalde um mehr als das Hundertfache. Der Pegel stiegt im Scheitel auf 6,28 m an.

An den Campingplätzen der Talsperre Kriebstein wurden Zelte, Wohnanhänger und andere Gegenstände mitgerissen. Viele der auf der Talsperre treibenden Objekte sammelten sich an der Staumauer, stürzten mit den Fluten in die Tiefe. Das Fahrgastschiff Hainichen hatte sich losgerissen und schlug gegen die Krone der Staumauer. Befürchtungen, dass diese durch das Schiff beschädigt werden könnte, trafen zum Glück nicht ein. Aber die randvolle Talsperre leistete auch keinen Beitrag, um die Flutwelle, die sich auf Waldheim zubewegte, zu mindern. Mögliche Vorbeugungsmaßnahmen durch eine rechtzeitige Absenkung des Wasserspiegels unterblieben. Dabei verkündete eine Messingtafel an der Staumauer, dass sich die Erbauer der Talsperre neben der Energiegewinnung den Hochwasserschutz zum Ziel gesetzt hatten.

Die Flutwelle erreichte Waldheim. In den Häusern der Innenstadt stieg das Wasser bis zu zwei Meter hoch. Der attraktive Bau des Rathauses glich mehr einer Wasserburg. Etwa 300 Wohnungen wurden überflutet. Mehr als 70 Händler verloren einen Großteil ihrer Waren. Einige Gewerbebetriebe erlitten Totalverlust. Erste Schätzungen ergaben Gesamtschäden in Höhe von 40 bis 45 Millionen Euro.

Man muss nicht unbedingt auf dem Kreuzfelsen stehen, um den Zauber der Landschaft zu spüren.

Aussicht von dem inzwischen für die Begehung gesperrten Felsen über der Nixkluft nach Norden.

Kurz vor Limmritz wird die Zschopau von der Bahnstrecke Chemnitz - Riesa - Berlin überquert.

Eisenbahn auf Talfahrt

Der Trend der letzten Jahrzehnte bei der Eisenbahn scheint wirtschaftlich unvermeidbar. Aber er ist verbunden mit dem schmerzhaften Abschied von einer Epoche, in welcher Eisenbahngesellschaften wie Pilze aus dem Boden schossen und gewaltige Organisations- und Bauleistungen vollbrachten, welche die Welt klein machten.

Es begann bereits 1852 mit einem Paukenschlag. Die Bahnlinie zwischen Chemnitz und Riesa wurde trotz großer geländebedingter Schwierigkeiten mit einem immensen Kostenaufwand fertig gestellt. Sie verläuft zwischen Mittweida und Döbeln bis auf die Querung bei Limmritz immer in ehrfürchtigem Abstand zum Fluss. Um 1880 entstand der Plan zum Bau einer Schmalspurbahn im gesamten nördlichen Zschopauabschnitt von Niederwiesa nach Döbeln. Entsprechende Anträge an den Sächsischen Landtag wurden abgelehnt, worüber man heute wohl dankbar sein darf, denn dadurch bewahrten sich weite Flussabschnitte ihre Ursprünglichkeit. Aber es entstanden lokale Ersatzlösungen wie die heute wieder stillgelegten Industriebahnen Mittweida-Dreiwerden und Mittweida-Ringethal, sowie Waldheim-Kriebethal.

Eine der wichtigen Bahnlinien war die 1866 in Betrieb gegangene Zschopautalbahn von Chemnitz nach Annaberg. Sie wurde 1872 bis Bärenstein verlängert, wo sie den Anschluss an die Bahnlinie Weipert - Komotau gewährleistete, die 1873 in Betrieb ging. Damit war im Erzgebirgsbereich eine länderüberschreitende Nord-Süd-Achse geschaffen worden, an die sich später die Kleinbahnlinien von Schönfeld nach Thum, von Wolkenstein nach Jöhstadt und von Wilischthal nach Thum anschlossen. In der Normalspur wuchs das Streckennetz von Walthersdorf nach Crottendorf angebunden über Buchholz - Schwarzenberg und die Güterstrecke von Wiesenbad nach Königswalde. Durch Verfall und Hochwasserschäden kam es nach der Wende zur teilweisen Stilllegung der Zschopautalbahn. Das Überleben der Strecke war zeitweilig vollständig in Frage gestellt. Aber nach längerer Pause und aufwendigen Sanierungsmaßnahmen wurde sie 2003 wieder in Betrieb genommen. Seitdem verkehren die Züge im Zweistundentakt auf der 56 Kilometer langen Strecke nach Annaberg.

Eine Besonderheit im Zschopautal bildet die Erzbahn zwischen Schönborn und Dreiwerden. Die etwa einen Kilometer lange Strecke wurde Mitte des 19. Jahrhunderts im Rahmen des Silberbergbaus um Schönborn erbaut, um das Erz zur Erzwäsche zu befördern. Gezogen wurde die Bahn von Pferden. Mit der Einstellung des Erzbergbaus wurde auch die Bahn rückgebaut. Seit Ostern 2004 verkehrt sie nach langjährigen Bemühungen als touristische Attraktion wieder auf der historischen Trasse.

1897 begann die Planung für eine Drahtseilbahn zwischen Erdmannsdorf und Augustusburg. Aber erst 1911 konnte die Inbetriebnahme erfolgen. Die eingleisige Standseilbahn besitzt eine technisch interessante Weiche in der Streckenmitte. 1955 erreichte die Beförderung mit knapp einer Million Fahrgästen ihren Rekord.

Das Schmankerl auf den letzten Zschopau-Kilometern - die einzige echte Straßenfurt in Limmritz.

Die letzten Kilometer entlang dem Flusslauf liegen vor den Wanderern.

Die Wiederherstellung der zerstörten Hängebrücke bei Töpeln wurde von Wanderern und Radfahrern ungeduldig erwartet.

Schloss Schweta

Nach 126 km mündet die Zschopau in die Freiberger Mulde, hier stand bis 1945 das Schloss Schweta.

Literatur

Zschopautal
Wolfgang Thomas; Brockhaus 1989; ISBN 3-325-00231-5

Vom Fichtelberg ins Muldenland. Impressionen entlang der Zschopau
Erhard Opitz; Bildverlag Thomas Böttger; ISBN 3-9806606-2-1

Das mittlere Zschopaugebiet
Werte unserer Heimat Bd. 28; Akademie-Verlag Berlin 1977

Karl Stülpner - Legende und Wirklichkeit
Johannes Pietzonka; Sachsenbuch; ISBN 3-910148-33-6

Der Stülpner Karl - Die Geschichte des Wildschützen
Max Wenzel; Sachsenbuch; ISBN 3-89664-009-7

Carl Stülpner's merkwürdiges Leben und Abenteuer
als Wildschütz im sächischen Hochgebirge
Carl HeinrichWilhelm Schönberg
REPRINT der Ausgabe Zschopau 1835
Leipzig Zentralantiquariat 1973

Karl Stülpner
Karl Sewart; Chemnitzer Verlag 2002; ISBN 3928678140

Karl Stülpner
Roland Unger; H & F Verlag Scheibenberg

Wahre Geschichten um Stülpner
Karl Wolfgang Riemer; Tauchaer Verlag; ISBN 3-910074-15-4

Burgentour. Sächsische Burgen an Mulde und Zschopau
Dieter Walz; Sachsenbuch 1992; ISBN 3910148654

Burgen - Zeugen sächsischer Geschichte
Gerhard Billig; Heinz Müller, 1998

Doktor Barthel Radwanderatlas
Täler der Schlösser und Burgen an Mulde und Zschopau
Verlag Dr. Barthel; ISBN 389591052X

Die Flut
Ulf Dahl, Johannes Fischer, Eva Prase
Chemnitzer Verlag 2002, ISBN 3928678892

Die Jahrhundertflut
Wolfgang Kenntemich
Bertelsmann Verlag 2002, ISBN 3-570-00731-6

Die Jahrtausendflut 2002 in Sachsen
Karina und Jürgen Helfricht, Husum 2002, ISBN 3-89876-070-7

Hochwasser in Frankenberg
Johannes Roßberg, Georg Hiesche, Druck C.G. Roßberg Frankenberg

Bergmannssagen aus dem sächsischen und dem böhmischen Erzgebirge
Dr. Dietmar Werner
Druck- und Verlagsges. Marienberg mbH, ISBN 3-931770-10-9

Silbernes Erzgebirge
Blechschmidt, Walther, Chemnitzer Verlag 1998, ISBN 3928678418

Eisenbahnknoten Chemnitz. Schienennetz einer Industrieregion
Kurt Kaiß, Matthias Hengst, Alba Publikation 1996, ISBN 3870942312

Eisenbahngeschichten zwischen Chemnitz und Weipert
Die Zschopautalbahn und ihre regelspurigen Zweigstrecken
Siegfried Bergelt, Bildverlag Thomas Böttger, ISBN 3-9806606-9-9

Original Crottendorfer Eisenbahn-Geschichten
Siegfried Bergelt, Bildverlag Thomas Böttger, ISBN 3-9806606-7-2

Eisenbahnreise ins Erzgebirge
Eisenbahnromantik im Erzgebirge und Vogtland
Günter Meyer, EK Verlag Freiburg 1994, ISBN 3882552581

Sächsische Eisenbahngeschichte Heft 6
150 Jahre Eisenbahnstrecke Chemnitz - Riesa,
Thomas Berger

Die ZSCHOPAU - in 7 Tagen vom Fichtelberg bis zur Mündung

1. Kurort Oberwiesenthal - Fichtelberg - Reitweg - Hirschfalzstraße - Quellgebiet der Zschopau - Schutzhütte am Schwarzen Teich - Siebensäure - Hüttenbrettmühle - Crottendorf - Walthersdorf - Schlettau

2. Schlettau - Dörfel - Tannenberg - Paßklausenturm - Schönfeld - Wiesa - Thermalbad Wiesenbad - Himmelmühle - Wolfsschlucht - Wolkenstein - Wolkensteiner Schweiz - Heidelbachtal - Brücke Hopfgarten - Scharfenstein

3. Scharfenstein - Scharfensteiner Kanzel - Wilischthal - Bodemerkanzel - Brücke an der ehem. Spinnerei - Zschopau - Teufelsnase - Rollemühle - Waldkirchen - Witzschdorf - Hennersdorf

4. Hennersdorf - Kunnerstein - Kunnersdorf - Erdmannsdorf - Schwimmbad - Struth - Flöha - Webermühle - Lichtenwalder Mühle - Schloss Lichtenwalde - Angerbach - Brettmühle

5. Brettmühle - Angerbach - Harrasfelsen - Schilfteich Frankenberg - Dammweg - Sachsenburg - Grubenwehr - Alte Hoffnung Erbstolln - Kraftwerk Mittweida - Liebenhainer Mühle - Ringethal - ehem. Spinnerei Weißthal - Auengrund - Mittweida

6. Mittweida - Auensteig - Lauenhain - Talsperre - Wappenfels - Anlegestelle Höfchen - Anlegestelle Kriebstein - Burg Kriebstein - Papierfabrik Kriebethal - Rauschental - Waldheim

7. Waldheim - Kreuzfelsen - Diedenhainer Viadukt - Nixkluft - Limmritzer Viadukt - Hängebrücke Töpeln - Spitzstein - Westewitz - Zschopaumündung - Technitz - Döbeln